Zülal Aytüre-Scheele

Falten, Knicken, Origami

FALKEN

Von derselben Autorin sind im FALKEN Verlag bereits erschienen:
Hobby Origami (Nr. 0756)
Neue zauberhafte Origami-Ideen (Nr. 0805)
Zauberwelt Origami (Nr. 1045)

Die Deutsche Bibliothek – CIP-Einheitsaufnahme

Aytüre-Scheele, Zülal:
Falten, Knicken, Origami : Tiere / Zülal Aytüre-Scheele. –
Niedernhausen/Ts. : FALKEN, 1994
(Schönes Hobby)
ISBN 3-8068-5291-X
NE: HST

ISBN 3 8068 5291 X

Umschlaggestaltung: Andreas Jacobsen
Redaktion: Uta Koßmagk
Herstellung: Jürgen Domke
Titelbild: ARTTECH Photo-Design-Studio Gerhard Burock, Wiesbaden-Naurod
Fotos: ARTTECH Photo-Design-Studio Gerhard Burock, Wiesbaden-Naurod

Satz: FROMM Verlagsservice GmbH, Idstein
Druck: Sebald Sachsendruck, Plauen

817 2635 4453 6271

INHALT

GESCHICHTE DES ORIGAMI

Origami ist die fast tausend Jahre alte japanische Kunst des Papierfaltens. In ihren Anfängen war sie zunächst ein schöner Zeitvertreib am japanischen Kaiserhof, im Laufe der Jahrhunderte aber wurde Origami auch außerhalb des Kaiserhofes bekannt, verbreitete sich rasch und wurde zur Volkskunst. Im japanischen Alltag ist die Kunst des Papierfaltens bei Groß und Klein heute noch genauso beliebt wie vor vielen hundert Jahren.

Aber auch außerhalb Japans ist Origami kein Fremdwort, und immer mehr Menschen, Kinder und Erwachsene begeistern sich dafür. Der Grund hierfür ist sicher, daß Origami eine Kunst ist, die nur ganz bescheidene Mittel voraussetzt. Mit einem Stück Papier kann jeder, der sich damit beschäftigt, wunderschöne, zauberhafte Figuren schaffen. Kleine Kunstwerke, die nicht nur dem Betrachter Freude machen, sondern auch als Spielzeug verwendet werden können.

MATERIAL UND TECHNIK

DAS PAPIER

Für die Wirkung der Figuren ist die Wahl des Papiers sehr wichtig. Ähnelt es der Haut oder dem Fell des Tieres, sieht die Faltarbeit fast lebensecht aus. In vielen Fachgeschäften findet man vorbereitete Packungen mit japanischem **Origamipapier**, das allerdings relativ teuer ist. Man kann aber auch einfaches **Geschenkpapier** auf die gewünschte Größe zurechtschneiden und zum Falten benutzen. Es ist jedoch sehr wichtig, daß das Papier fest ist, sich gut streichen läßt und nicht reißt. Dünne und kräftige, aber dennoch geschmeidige Papiere sind am besten geeignet. Es ist empfehlenswert, auf jeden Fall eine Packung einfaches **Faltpapier** anzuschaffen. Dieses ist einfarbig, wird in verschiedenen Größen angeboten und ist preiswerter als das Origamipapier. So kann man jedes Tier, das man basteln möchte, zunächst einmal aus Faltpapier herstellen und dann, wenn man sich der Faltung sicher ist, mit dem Origamipapier arbeiten. Damit die Proportionen der fertigen Figuren stimmen, müssen die Hilfslinien möglichst genau beachtet werden. Oft gibt der Anleitungstext zusätzlich Hinweise, zum Beispiel „auf Mitte falten". Im übrigen genügt es, sich die Lage der Hilfslinien genau anzuschauen und sie per Augenmaß zu übertragen. Man sollte jede Faltung mit dem Daumennagel fest nachziehen; dadurch werden die einzelnen Faltknicke deutlicher und stabiler, so daß sie sich auch bei Gegenfaltung gut umknicken lassen. Die Farbfotografien aller nötigen Faltschritte erleichtern es sicherlich, sehr genau und sorgfältig zu arbeiten.

DAS FALTEN

Zu den wichtigsten Regeln beim Origami zählt, daß die Papiere zwar in beliebiger Größe, aber genau quadratisch zugeschnitten sind und die Figuren auf einer glatten und flachen Arbeitsunterlage gefaltet werden. Alle Faltschritte müssen sorgfältig nacheinander ausgeführt werden, und man darf die vorangegangenen Schritte noch nicht vergessen haben, bevor man mit dem nächsten beginnt.

DAS KLEBEN

Sollen die Papiertiere später zum Spielen verwendet werden, empfiehlt es sich, den letzten Faltschritt festzukleben, so daß sich die Faltungen bei späterem Gebrauch nicht wieder öffnen und das Tier auseinanderfällt.

Origamipapier gibt es in großen Bögen, die man sich auf die gewünschte Größe zuschneiden kann, und in kleineren Bögen, die gleich das geeignete Format für viele Origamifiguren haben

GRUNDFORM I

1. Ausgangsform ist ein quadratisches Blatt Papier.

2. Diagonal in der Mitte vorfalten.

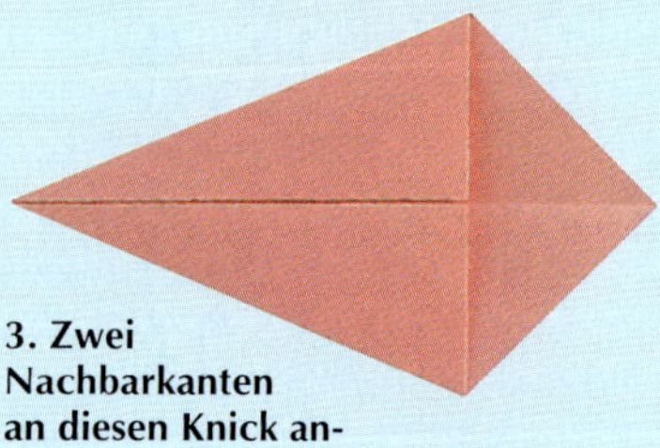

3. Zwei Nachbarkanten an diesen Knick anlegen und falten. Das ist Grundform I.

SCHWAN

1. Mit Grundform I beginnen. Die Form in der Mitte zusammenklappen, wobei die gefalteten Kanten innen bleiben.

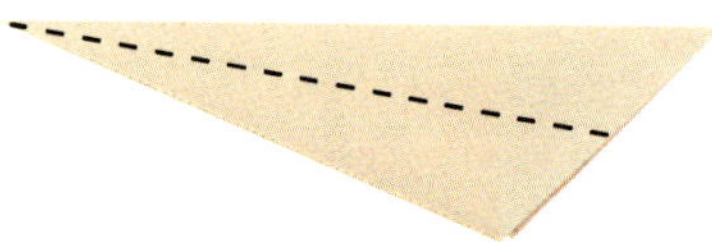

2. An der gestrichelten Linie das Papier nach oben falten; desgleichen auf der Rückseite.

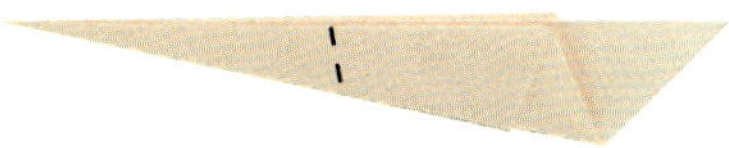

3. Die linke Spitze an der Markierung nach oben …

4. … falten und wieder entfalten.

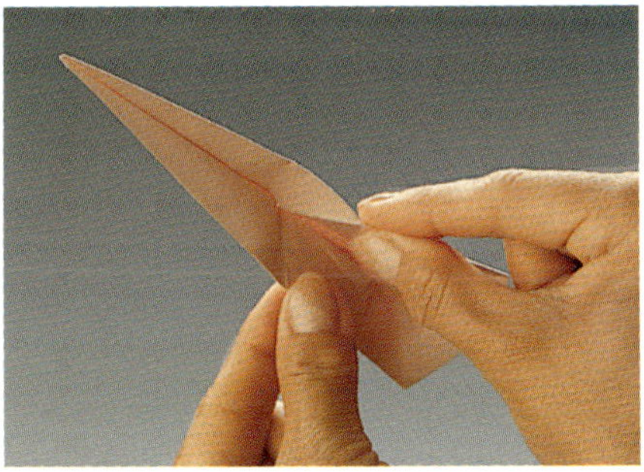

5. Die Form von unten her öffnen.

6. Den linken Teil der Form am entstandenen Knick …

7. … nach oben falten. An der vorgegebenen Linie die Spitze nach …

8. … links falten und wieder entfalten.

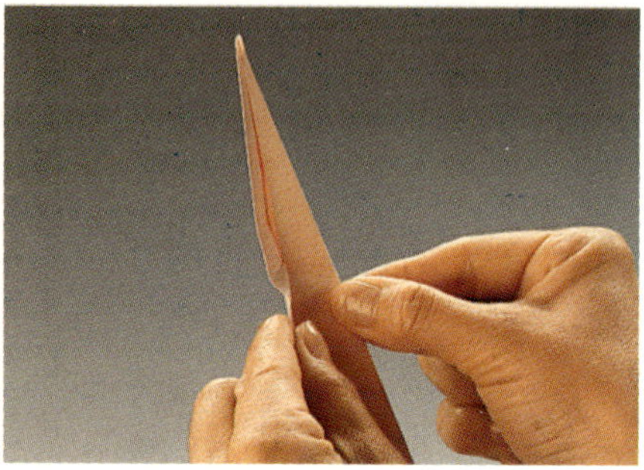

9. Den oberen Teil der Spitze öffnen.

10. Die Spitze am entstandenen Knick nach links falten.

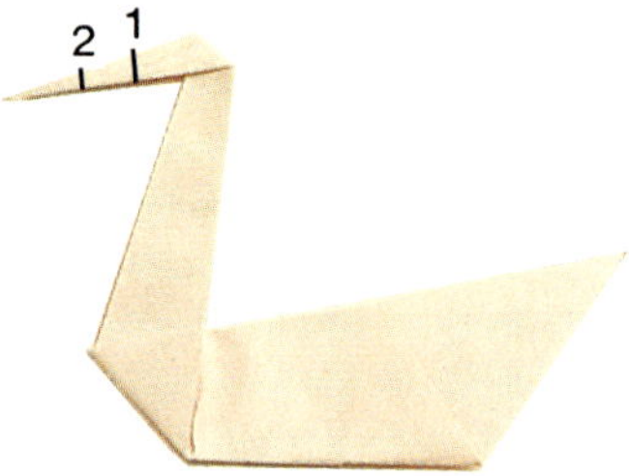

11. An den Hilfslinien zwei …

12. … parallele Knicke machen

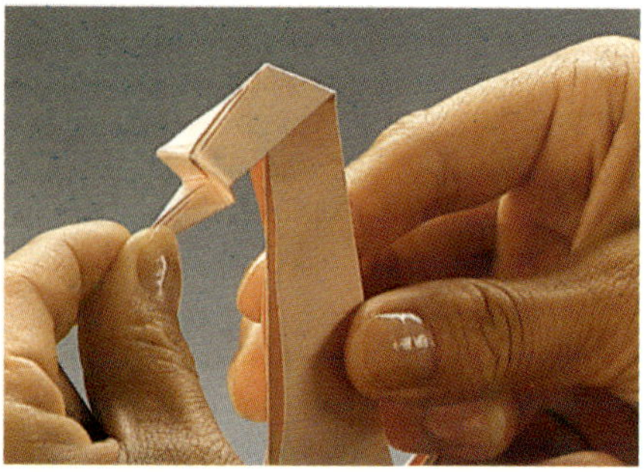

13. Das Papier am ersten Knick nach innen, am zweiten nach außen falten.

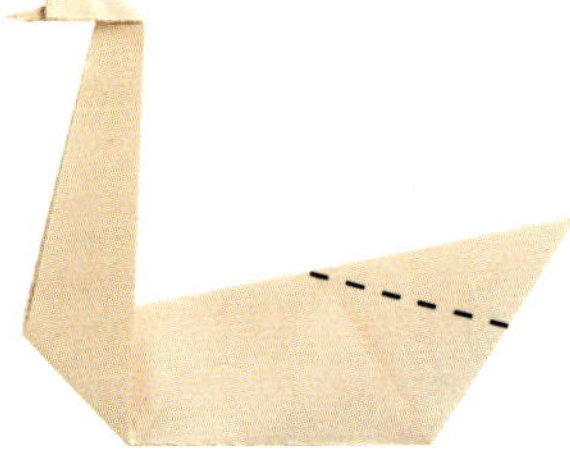

14. Den Schwanz genau an der angegebenen Linie …

15. … vorfalten und am Knick …

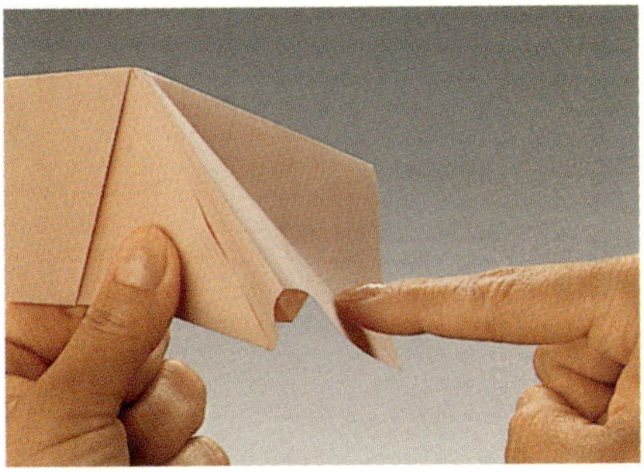

16. … nach innen falten.

17. Die Spitze des Schwanzes etwas nach oben ziehen, in der Mitte nach innen drükken und falten.

18. Der Schwan ist fertig.

PINGUIN

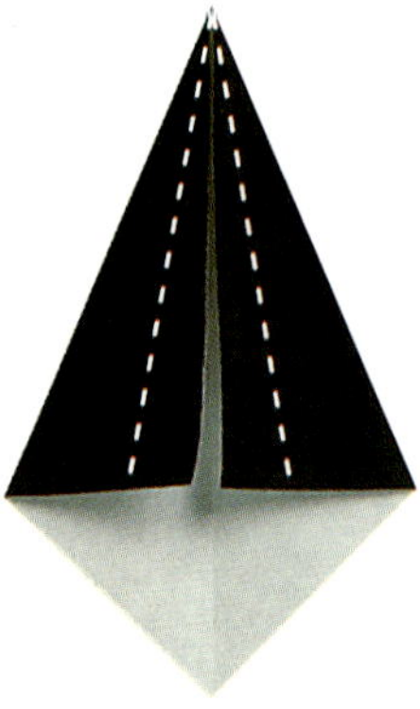

1. Mit Grundform I (Seite 6) beginnen. Rechten und linken Flügel an den gestrichelten Linien …

2. … nach außen falten. Die Form umdrehen.

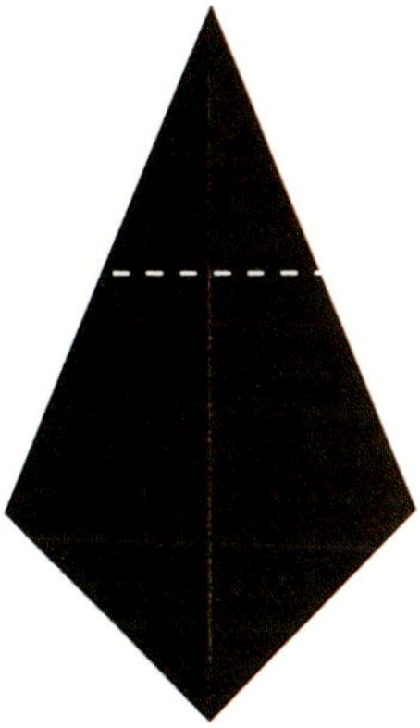

3. Die obere Spitze an der angegebenen Linie …

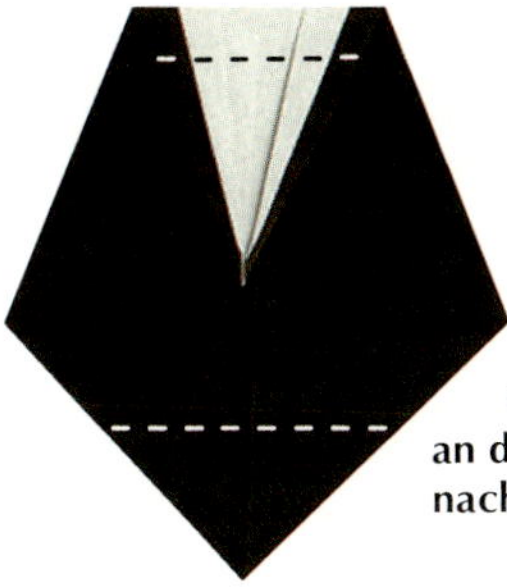

4. … nach unten falten. Untere und obere Spitze an den Markierungen nach oben falten.

5. Die Form in der Mitte zusammenklappen.

6. Die obere Spitze …

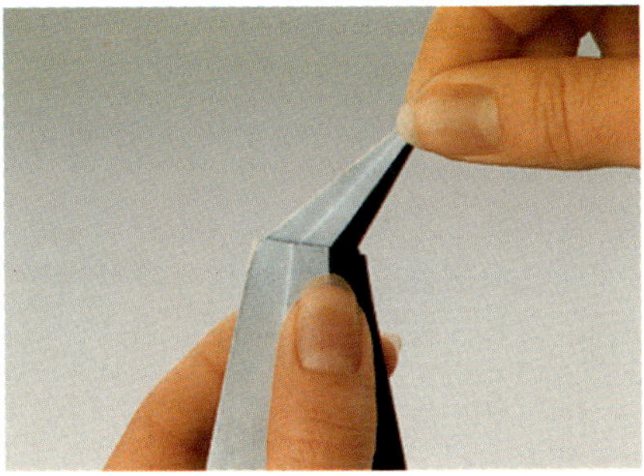

7. … nach rechts ziehen. Durch Flachdrükken die Faltung festigen.

8. Die obere Spitze an der vorgegebenen Linie …

9. … nach links falten.

10. Die Falte öffnen.

11. Die Spitze am selben Knick nach außen wenden.

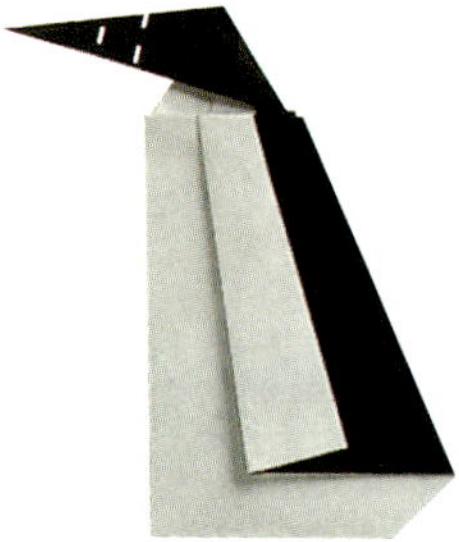

12. An den gestrichelten Linien zwei parallele Knicke machen.

13. Die Spitze am ersten Knick nach rechts, am zweiten Knick nach links falten.

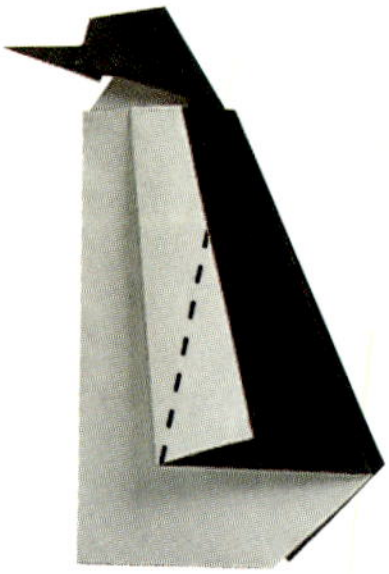

14. Die Flügel an der Hilfslinie nach links falten. Dasselbe auf der Rückseite wiederholen.

15. Den rechten vorderen Teil der Figur an der Markierung nach innen falten. Die Figur umdrehen, und die Faltung auf der Rückseite wiederholen.

16. Das ist der fertige Pinguin.

GRUNDFORM II

1. Ein quadratisches Blatt Papier …

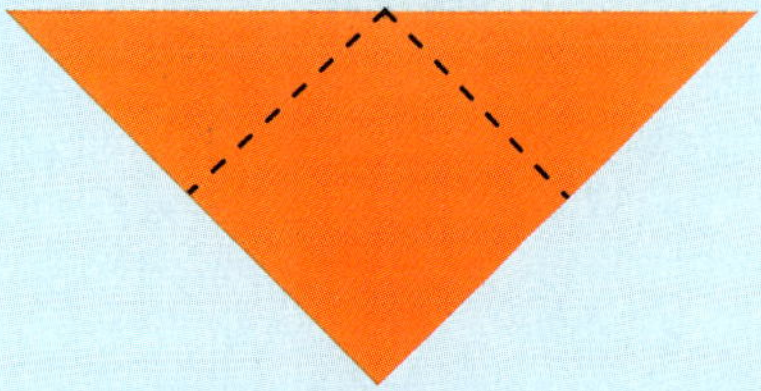

2. … in der Diagonalen falten, wobei die weiße Seite innen bleibt.

3. An den gestrichelten Linien die linke und rechte Ecke nach unten falten.

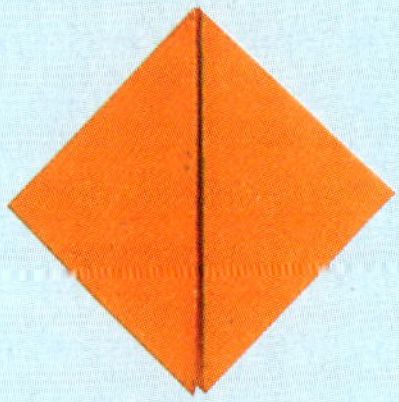

4. Das ist Grundform II.

GOLDFISCH

1. Mit Grundform II beginnen. Offene Spitze zeigt nach unten.

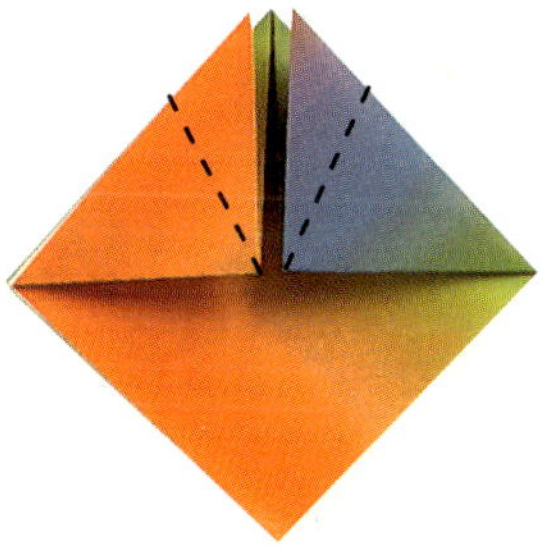

2. Die beiden Flügel der Vorderseite in der Mitte knicken und nach oben falten. An den vorgegebenen
Linien …

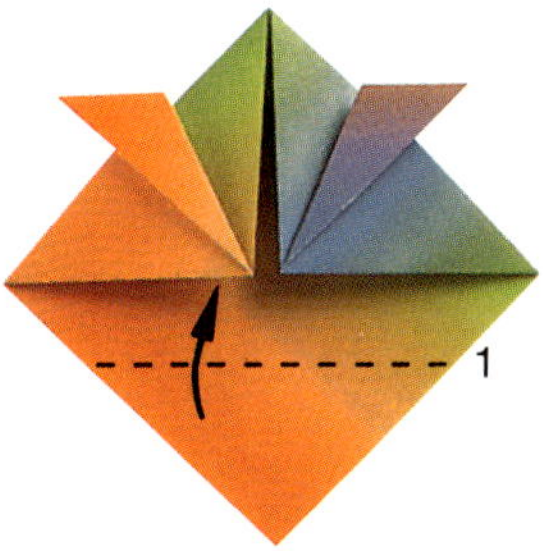

3. … den rechten Flügel nach rechts, den linken Flügel nach links falten. An der ersten (1) Hilfslinie …

4. … die untere Spitze nach oben falten, an der zweiten (2) …

5. … das Papier nochmals nach oben falten. Der untere Teil des Papiers wird nach hinten gefaltet.

6. Fertig ist ein Hut. Für den Fisch aber geht es weiter, …

7. … die Figur öffnen, …

8. … an beiden Seiten drücken und zusammenfalten.

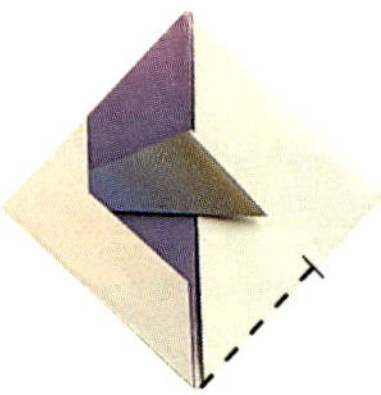

9. Die beiden Kanten unten rechts an der Markierung …

10. … aufschneiden.

11. An der gestrichelten Linie scharf knicken.

12. Die Figur öffnen.

13. Den Schwanz von der oberen Ecke nach hinten ziehen und falten.

14. Die untere Kante an der Markierung nach innen falten; auf der Rückseite wiederholen.

15. Der Goldfisch ist fertig.

Veränderung:
Man kann die Flosse nach unten falten und den Mund bemalen oder mit buntem Papier bekleben.

MARIENKÄFER

1. Mit Grundform II beginnen. Die offene Spitze zeigt nach unten. Die Form umdrehen.

2. An der Hilfslinie die obere Ecke ...

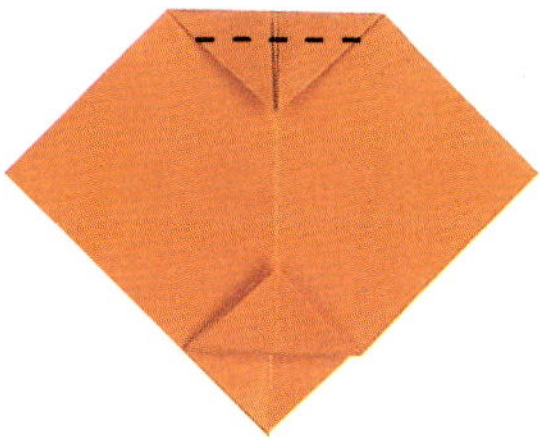

3. ... nach unten und die ersten beiden unteren Ecken nach oben falten. An der gestrichelten Linie ...

4. ... die obere Ecke wieder nach oben falten. Die Form umdrehen.

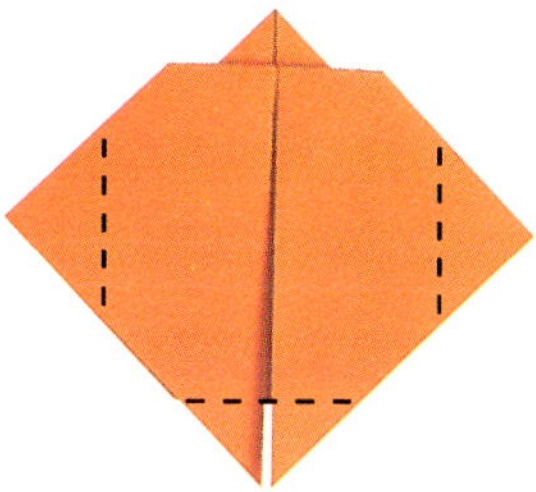

5. An den Hilfslinien scharf knicken.

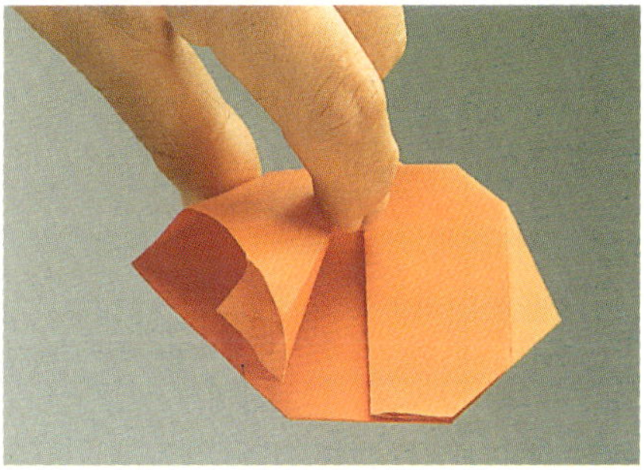

6. Die untere linke Spitze etwas öffnen und am Knick nach innen falten.

7. Den linken Flügel etwas öffnen, die linke Ecke am entstandenen Knick dann nach innen drücken. Die Form anschließend wieder zusammendrücken.

8. Das gleiche mit der rechten Seite wiederholen. Nun den Kopf und die Punkte mit schwarzer Farbe aufmalen.

GRUNDFORM III

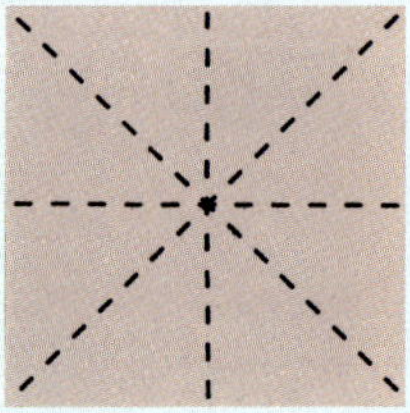

1. Ein quadratisches Blatt Papier wird an den gestrichelten Linien viermal in der Mitte gefaltet, so daß vier scharfe Knicke entstehen.

2. Diagonal in der Mitte falten. Die weiße Seite bleibt innen.

3. Die rechte Hälfte des Papiers senkrecht hochziehen, …

4. … öffnen und …

5. … flachdrücken.

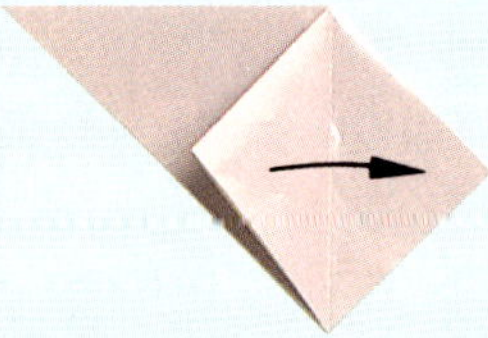

6. Die Falte feststreichen. Den linken Flügel …

7. … nach rechts falten.

8. Die Schritte 3–7 mit der linken Hälfte der Figur wiederholen.

9. Das ist Grundform III.

STERNFÖRMIGE DOSE

1. Mit Grundform III beginnen. Die offene Ecke zeigt nach oben. Die beiden oberen Flügel an den Hilfslinien …

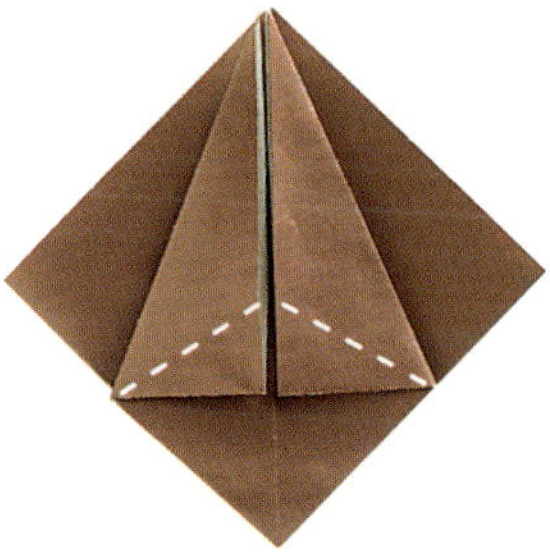

2. … auf die Mittellinie falten. An den gestrichelten Linien scharf knicken.

3. Einen Flügel senkrecht hochziehen, …

4. … öffnen …

5. … und flachdrücken.

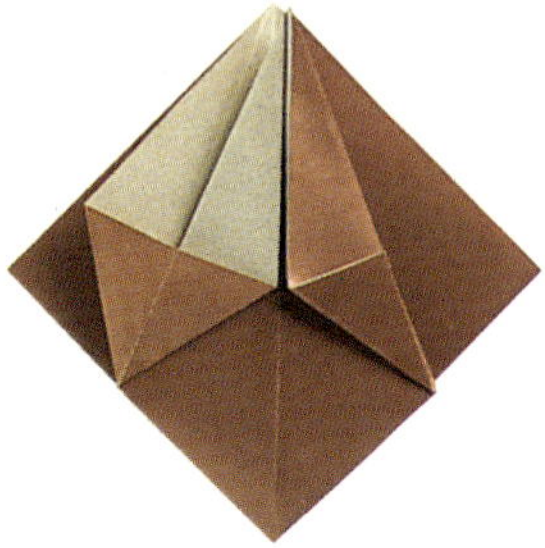

6. Die Falte feststreichen.

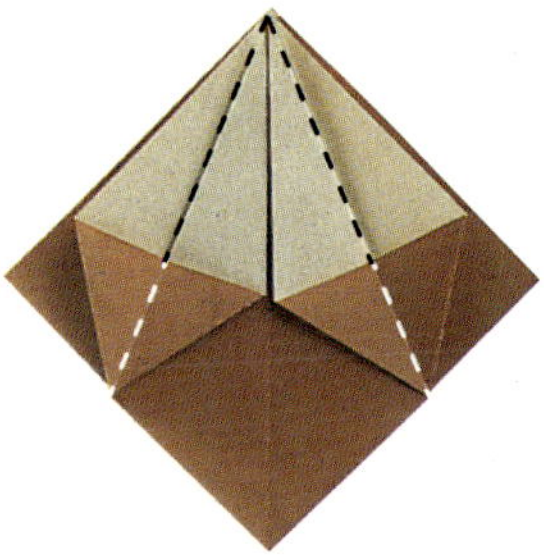

7. Dasselbe mit dem anderen Flügel wiederholen. Die Form umdrehen und die Schritte 2–6 auf dieser Seite wiederholen. An der Markierung …

8. … die beiden oberen äußeren Flügel nach hinten innen umschlagen.

9. Die Falten feststreichen, die Form umdrehen und Schritt 8 wiederholen.

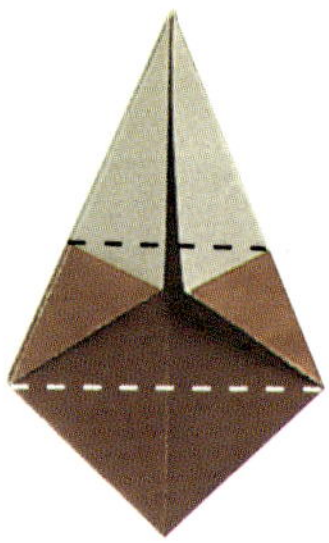

10. An den gestrichelten Linien zwei scharfe Knicke machen.

11. Die vordere Spitze nach vorne unten, die hintere Spitze nach hinten unten falten. Die Falten feststreichen.

12. Linke und rechte obere Spitze auseinanderziehen und die Dose langsam öffnen.

13. Die oberen vier Kanten der Dose feststreichen.

14. Mit Hilfe der Vorfaltungen dem Boden eine quadratische Form geben.

15. Die Kanten ebenfalls feststreichen.

16. Das ist die fertige Dose.

GRUNDFORM IV

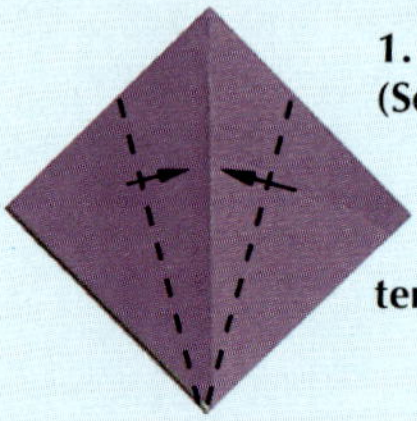

1. Mit Grundform III (Seite 20) anfangen. Die offene Spitze zeigt nach unten. An den gestrichelten Linien …

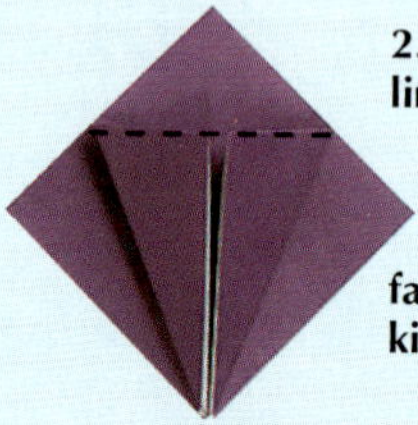

2. … die rechte und linke untere Kante des oberen Flügels auf die senkrechte Mittellinie falten. An der Markierung …

3. … die obere Ecke nach unten falten.

4. Die letzten drei Faltungen wieder entfalten.

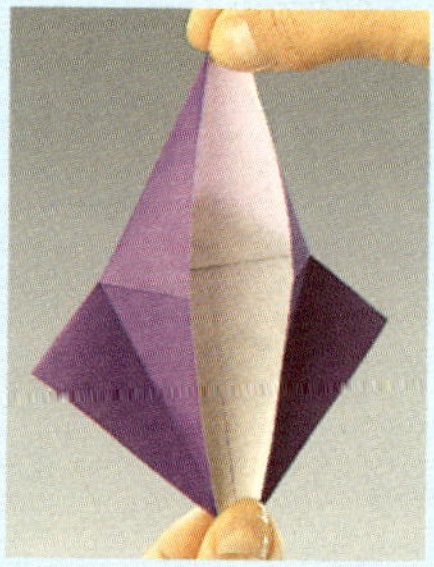

5. Oberen Flügel der unteren Spitze langsam öffnen.

6. Untere Spitze so weit wie möglich hochziehen …

7. … nun die rechte und linke Ecke der Drachenfigur nach innen auf die Mittellinie drücken.

8. Die Faltung feststreichen und die Form umdrehen. Das gleiche ab Arbeitsschritt 2 auf dieser Seite wiederholen.

9. Grundform IV ist fertig.

HASE

1. Mit Schritt 7 der Grundform IV anfangen. Die Form umdrehen.

2. An der Markierung …

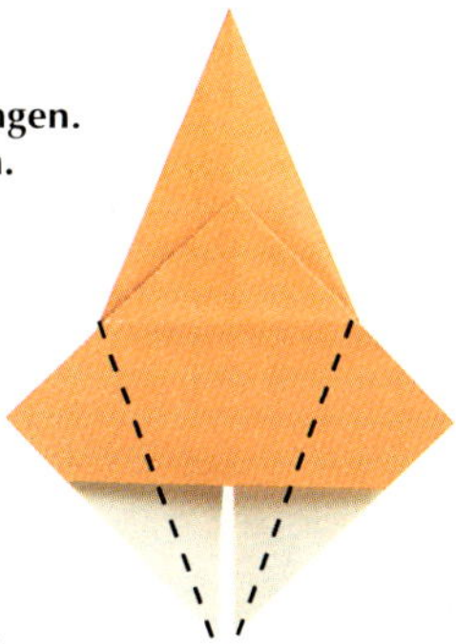

3. … die untere Spitze des vorderen Flügels nach innen falten. An den gestrichelten Linien …

4. … rechte und linke untere Kante nach hinten falten. Die Form umdrehen.

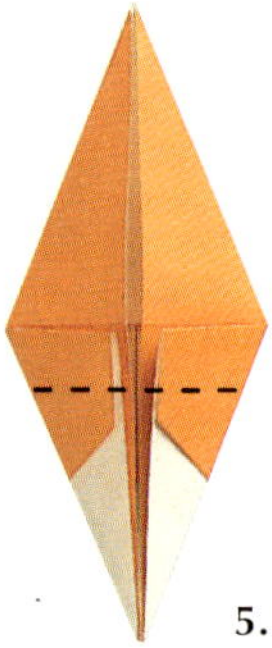

5. An der gestrichelten Linie …

6. … die unteren Spitzen nach oben falten.

7. Die Form in der Mitte zusammenklappen, so daß die beiden Spitzen außen bleiben. Nun die Figur so drehen, daß die Spitzen nach rechts zeigen. Anschließend die beiden Spitzen in der Mitte …

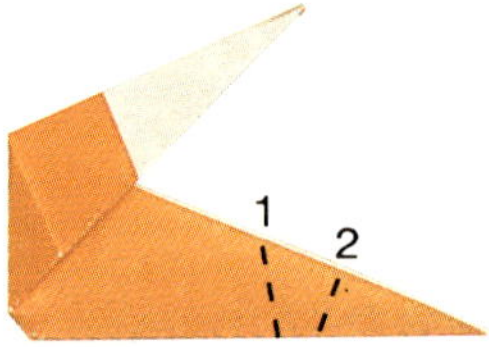

8. … leicht nach oben ziehen und die Form zusammendrücken. An den Hilfslinien scharf knicken.

9. Die Spitze am ersten (1) Knick nach innen …

10. … am zweiten (2) nach außen falten.

11. Das Papier an der Hilfslinie knicken.

12. Am entstandenen Knick wird der Schwanz nochmals nach unten gefaltet.

13. Die Ohren an den Markierungen …

14 … nach unten falten. Die Ecken unterhalb des Schwanzes an der gestrichelten Linie vorfalten.

15. Nun die Ecken an den entstandenen Knicken nach innen falten.

16. Die Falten an den Ohren öffnen …

17. … und die Spitzen nach vorne falten.

18. An den Markierungen hinter den Ohren kleine, scharfe Knicke machen.

19. Die Ohren wieder öffnen. Der Hase ist fertig.

DRACHE

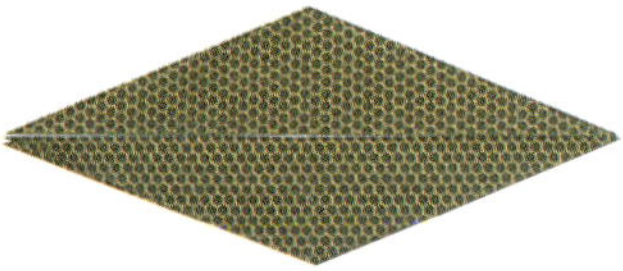

1. Mit Grundform IV (Seite 24) beginnen. Die offene Spitze zeigt nach rechts. Die beiden Spitzen, die auf der linken Seite liegen …

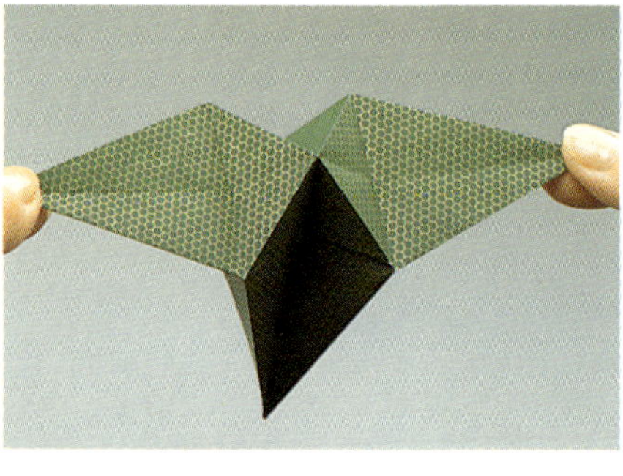

2. … auseinanderziehen, bis …

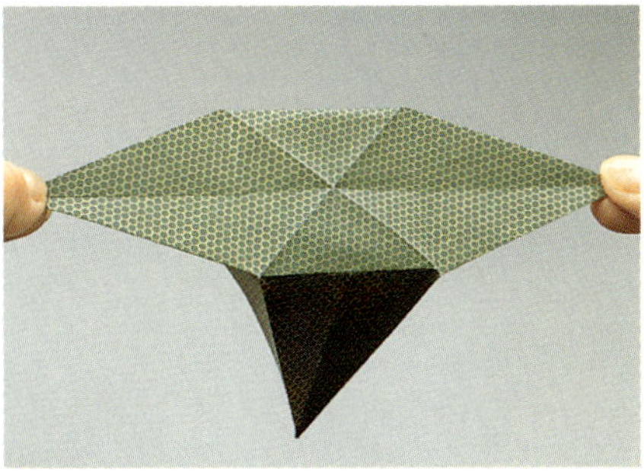

3. … das Papier ganz glatt ist.

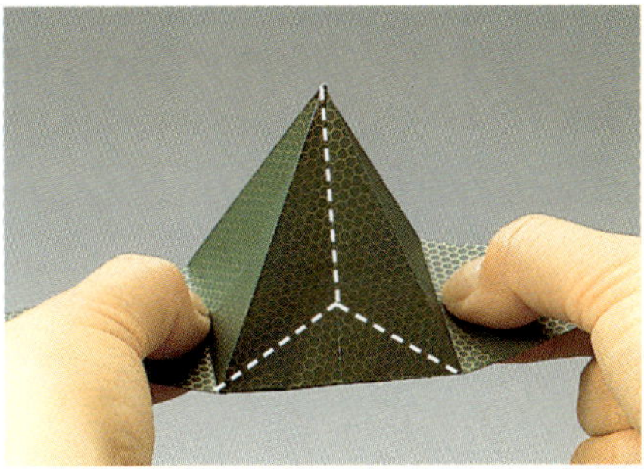

4. Die Form umdrehen. An den Hilfslinien die beiden abstehenden Spitzen …

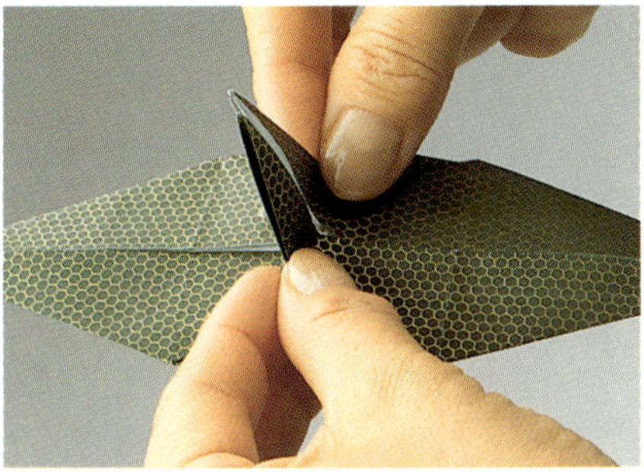

5. … in der Mitte zusammendrücken, bis nach unten zur Auflagefläche hin feststreichen …

6. … und nach rechts legen. An den Markierungen die beiden Kanten auf der rechten Seite …

7. … nach hinten falten. Die untere Hälfte …

8. … der Form von hinten nach oben klappen. An der gestrichelten Linie knicken.

9. Die linke Spitze öffnen, am entstandenen Knick nach innen wenden.

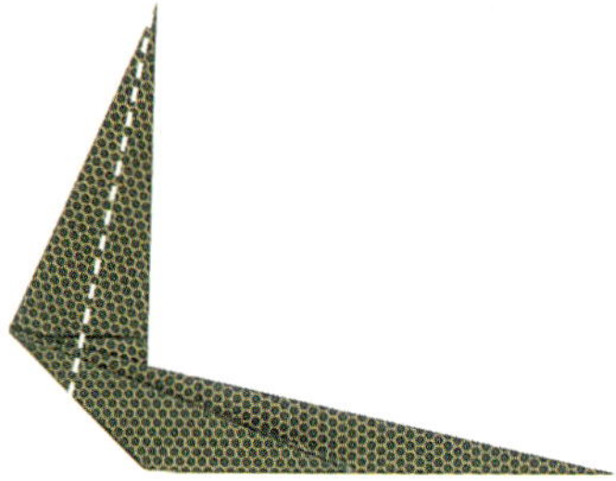

10. An der Markierung die linke Spitze halbieren …

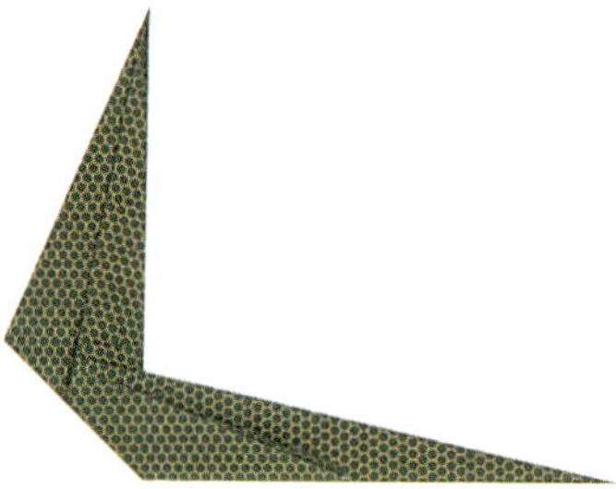

11. … dafür den vorderen linken Teil nach innen falten.

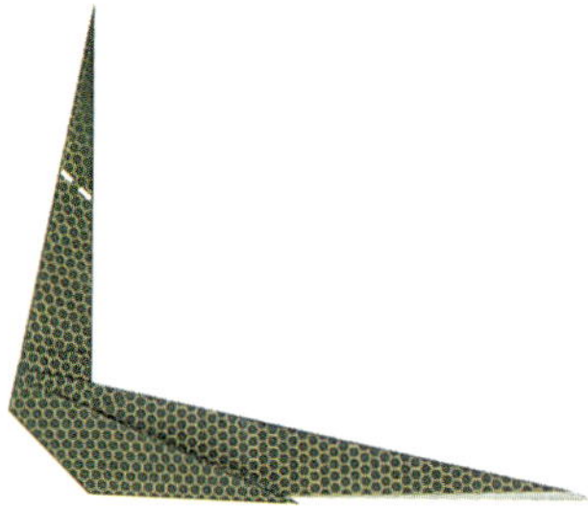

12. Das gleiche auf der Rückseite wiederholen. An der Hilfslinie vorfalten.

13. Die Spitze öffnen und am Knick nach links falten.

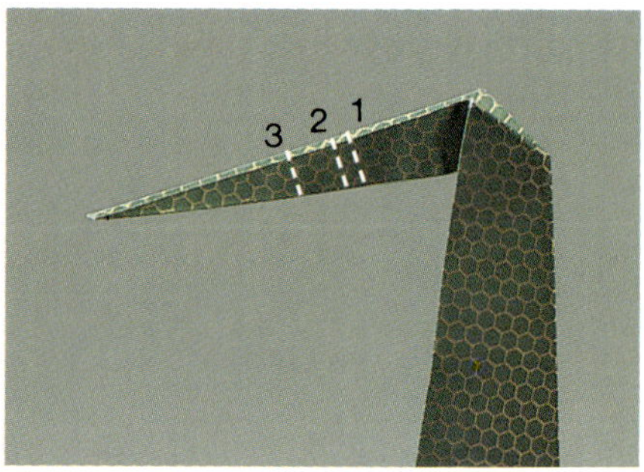

14. Anschließend sorgfältig an den Hilfslinien knicken.

15. Die Spitze öffnen, am ersten (1) Knick nach rechts, …

16. … am zweiten (2) Knick nach links, …

17. … am dritten (3) Knick wieder nach rechts falten.

18. An den Markierungen knicken. Den Hals …

19. … am unteren Knick nach innen, am oberen nach außen falten.

20. An der Markierung die kleine Spitze in der Mitte …

21. … nach unten falten; auf der Rückseite wiederholen. An der Hilfslinie die rechte Spitze knicken.

22. Die rechte Spitze öffnen, am Knick nach oben wenden.

23. An den Markierungen vorfalten.

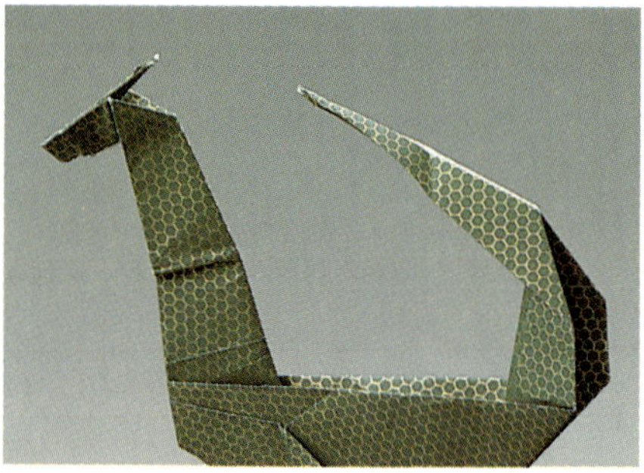

24. Die Spitze öffnen und am unteren Knick nach links außen, …

25. … am oberen Knick nach oben wenden.

26. An den gestrichelten Linien die untere kleine Spitze vorfalten.

27. Die Spitze öffnen, am oberen Knick nach links, ...

28. ... am unteren Knick jetzt nach unten wenden.

29. Das gleiche auf der Rückseite wiederholen.

30. Der Drache ist fertig.

KAMEL

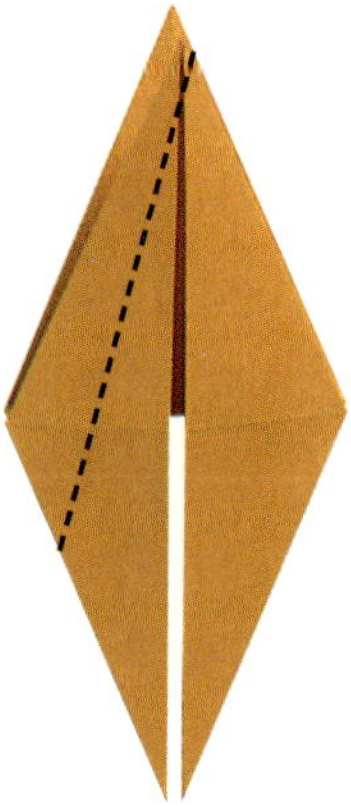

1. Mit Grundform IV (Seite 24) beginnen. Die offene Spitze zeigt nach unten. An der gestrichelten Linie …

2. … den vorderen linken Flügel nach vorne, den hinteren nach hinten falten. An der Markierungslinie …

3. … die untere rechte Spitze nach oben falten. Anschließend entfalten.

4. Die beiden Flügel der rechten Hälfte öffnen, …

5. … am entstandenen Knick die untere Spitze wieder nach oben falten.

6. An der ersten (1) Hilfslinie den vorderen Teil des rechten Flügels nach links vorne, den hinteren Teil nach links hinten falten. An der zweiten (2) Hilfslinie einen scharfen Knick machen.

7. Nun die beiden Flügel der linken Papierhälfte öffnen …

8. … und die linke untere Spitze am entstandenen Knick nach oben falten.

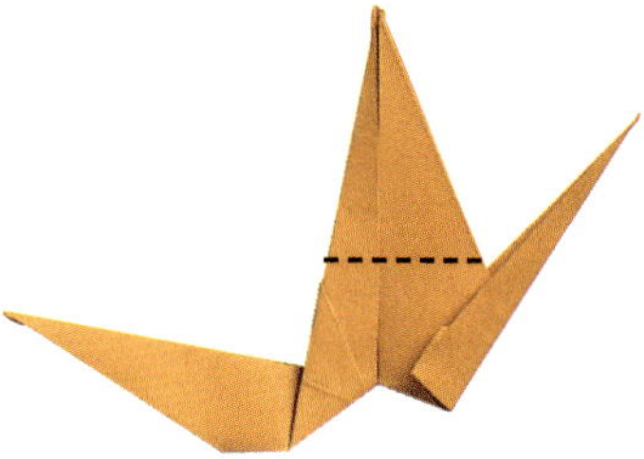

9. An der gestrichelten Linie …

10. … die oberen Spitzen nach vorne bzw. hinten falten.

11. Die Faltungen der rechten Spitze wieder öffnen. Den mittleren Flügel an der gestrichelten Linie …

12. … nach rechts falten und das entstandene Dreieck festdrücken.

13. Das gleiche auf der Rückseite wiederholen. Das werden die Vorderbeine.

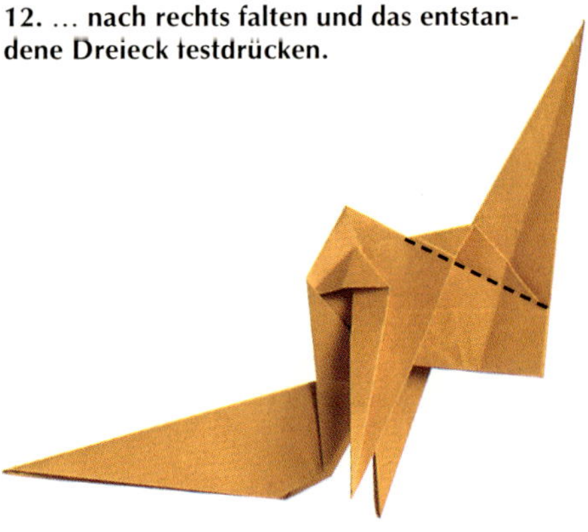

14. An der Markierungslinie einen scharfen Knick machen.

15. Das Vorderbein anheben. An der Markierung die obere Ecke nach innen drücken.

16. Anschließend den vorderen Teil des rechten Flügels …

17. … nach links vorne, den hinteren Teil nach links hinten falten. An der Hilfslinie (vgl. Schritt 16) die linke Spitze nach oben falten, …

18. … wieder entfalten und die Spitze öffnen.

19. Das Papier am entstandenen Knick nach oben falten.

20. An der gestrichelten Linie die linke Spitze scharf knicken.

21. Die Spitze öffnen …

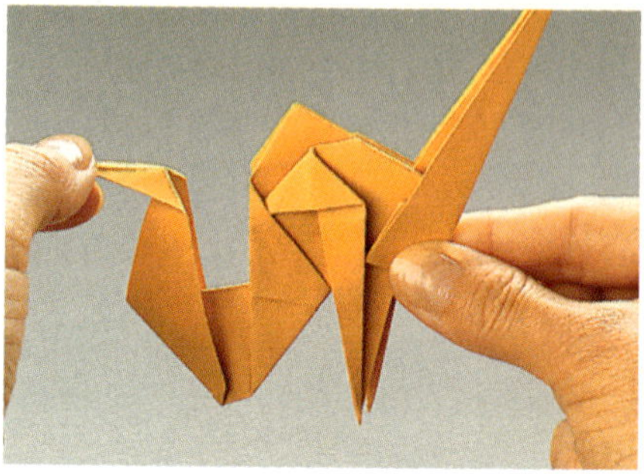

22. … und das Papier am entstandenen Knick nach links falten.

23. Die Spitze ein wenig nach innen falten. An der Markierung nun die rechte Spitze knicken.

24. Den Flügel öffnen …

25. … und am selben Knick das Papier nach innen falten.

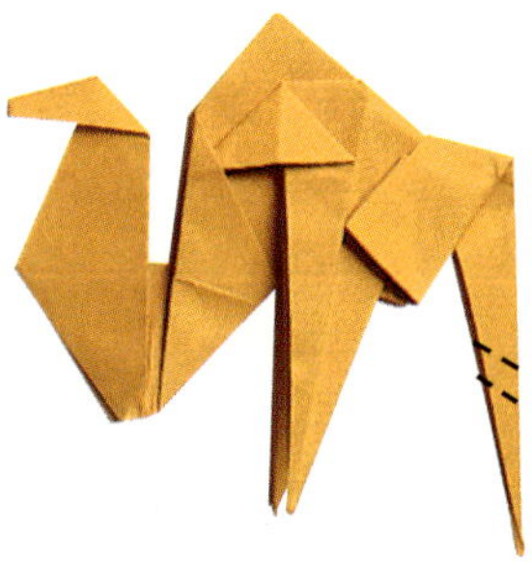

26. An den Hilfslinien zwei parallele Knicke machen.

27. Den Flügel öffnen. Am ersten Knick die Spitze nach oben, …

28. … am zweiten nach unten falten. Das werden die Hinterbeine.

29. Das Kamel ist fertig.

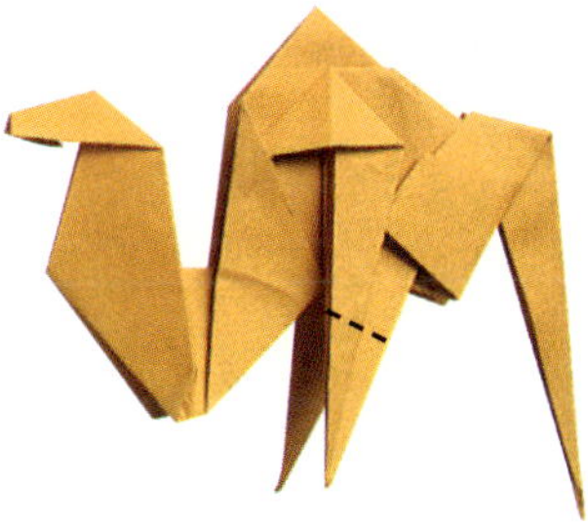

30. Soll das Kamel sitzen, müssen die Vorderbeine an den gestrichelten Linien nach rechts, die Hinterbeine nach links gefaltet werden.

31. So sieht das sitzende Kamel aus.

GRUNDFORM V

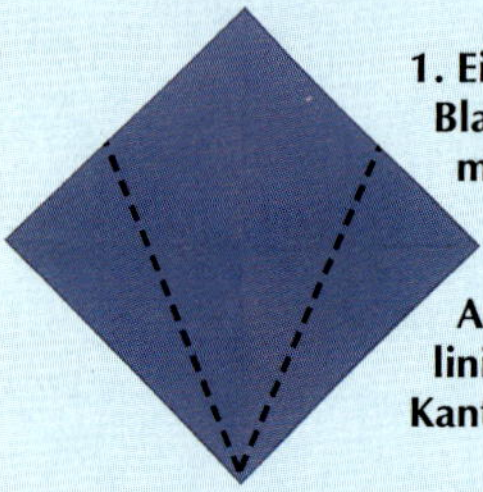

1. Ein quadratisches Blatt Papier zwei mal diagonal in der Mitte vorfalten. An den Hilfslinien die unteren Kanten auf die …

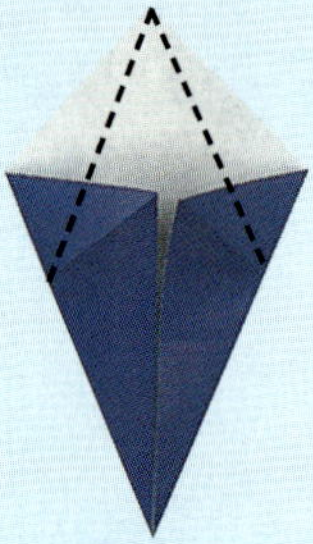

2. … senkrechte Mittellinie falten; die weiße Seite des Papiers bleibt innen. An den Markierungen …

3. … die oberen Kanten auf die senkrechte Mittellinie falten.

4. Die Form in der Mitte zusammenklappen.

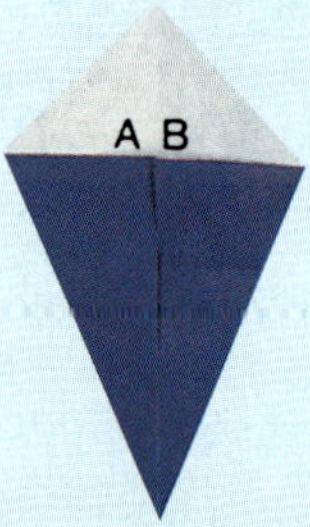

5. Die letzten Faltungen rückgängig machen. Die Ecke A …

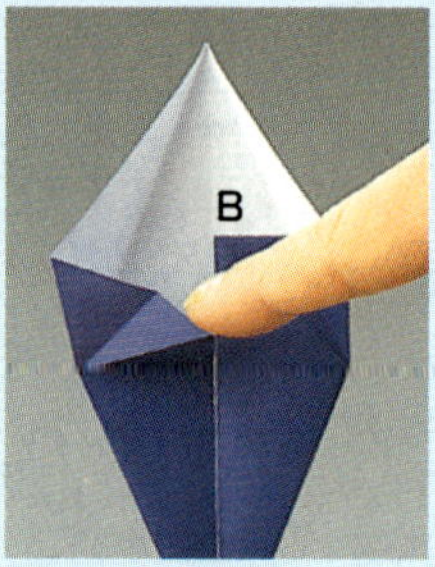

6. … hochheben, …

7. … nach unten ziehen und mit Hilfe der Knicke nach unten falten.

8. Das gleiche mit Ecke B wiederholen. Das ist Grundform V.

HUND

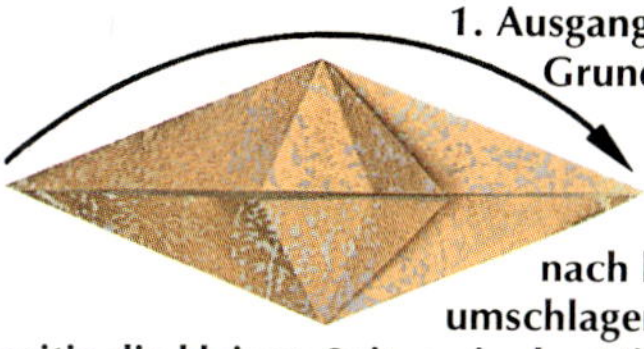

1. Ausgangsform ist Grundform V. Die große linke Spitze nach hinten umschlagen, gleichzeitig die kleinen Spitzen in der Mitte …

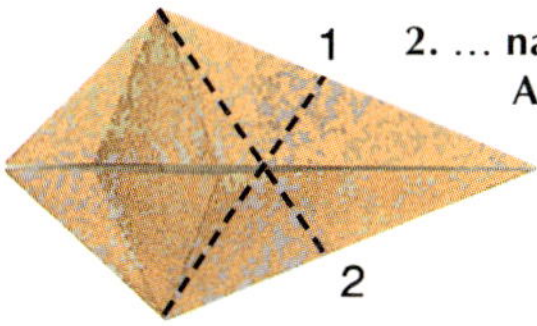

2. … nach links legen. An der ersten (1) Hilfslinie …

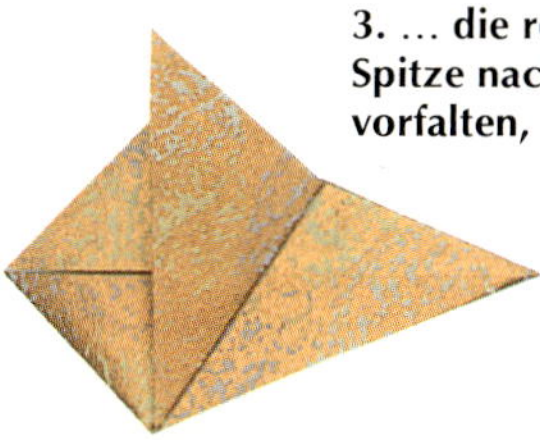

3. … die rechte Spitze nach oben vorfalten,

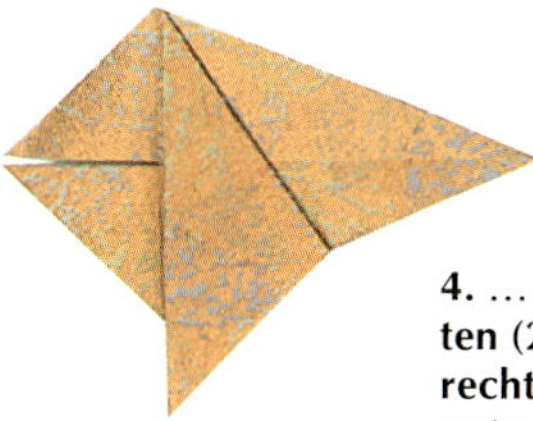

4. … an der zweiten (2) Hilfslinie die rechte Spitze nach unten vorfalten.

5. Nun die rechte Spitze hochheben, an den Knicken in der Mitte zusammendrücken …

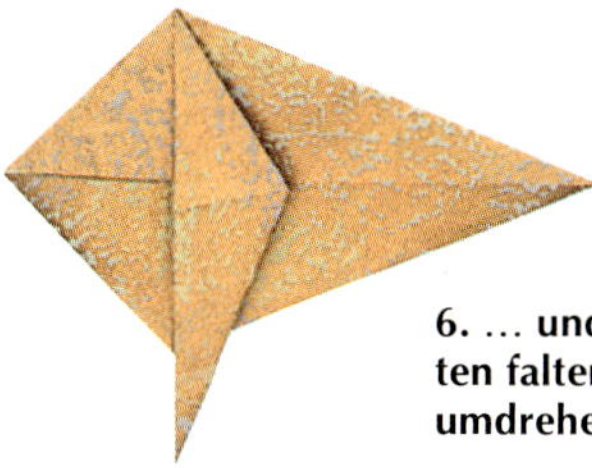

6. … und nach unten falten. Die Form umdrehen.

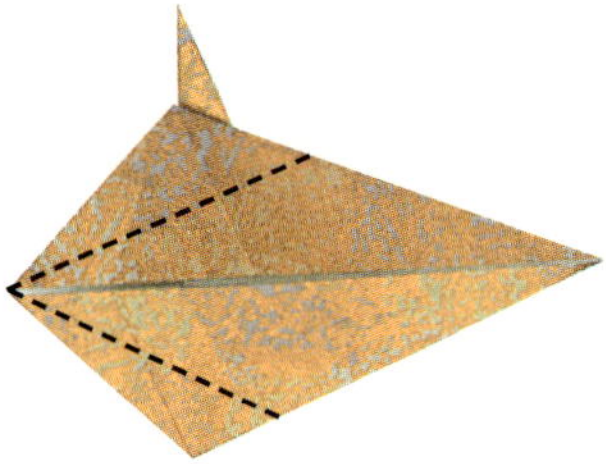

7. An den Markierungen …

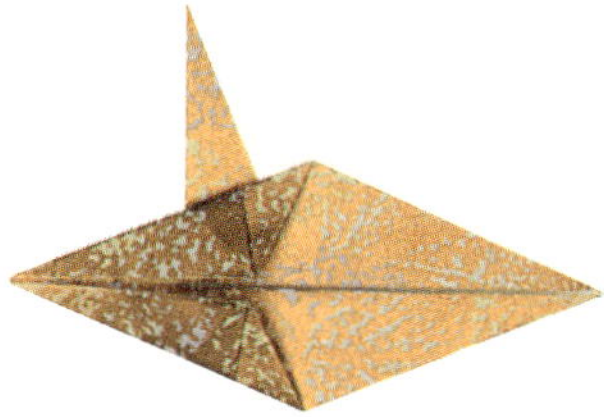

8. … die beiden Kanten auf der linken Seite auf die waagerechte Mittellinie falten, die Form in der Mitte zusammenklappen.

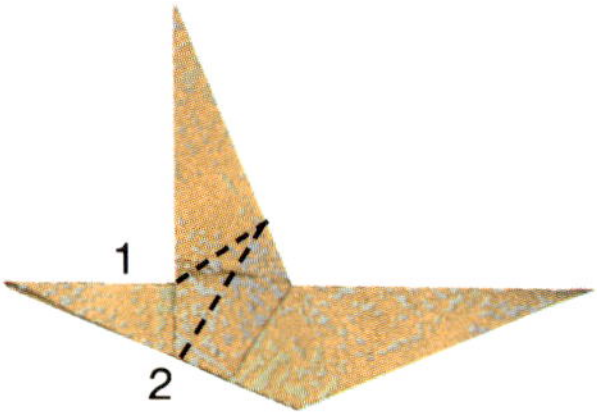

9. An den gestrichelten Linien vorfalten.

10. Die obere Spitze am ersten (1) Knick nach rechts, am zweiten (2) nach links falten.

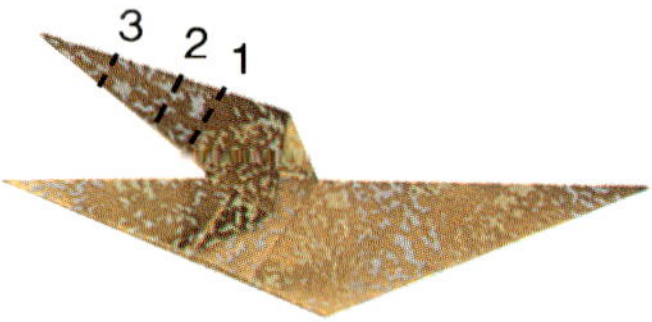

11. An den Hilfslinien knicken.

12. Die obere Spitze am ersten (1) Knick nach innen, am zweiten (2) nach außen falten.

13. Am dritten (3) Knick (Schritt 11) die Spitze nochmals nach innen falten.

14. Die Form von unten öffnen und an den Markierungen knicken.

15. Die beiden linken Spitzen an den Knicken nach unten falten und zusammenklappen.

16. An der Hilfslinie vorfalten.

17. Die rechte Spitze öffnen, am Knick nach unten falten.

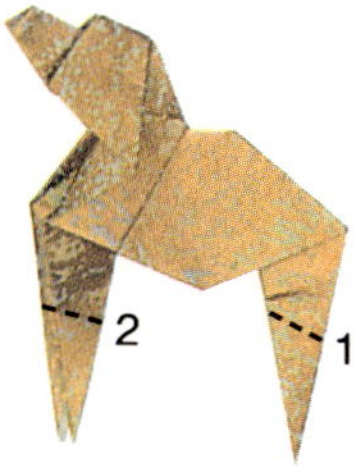

18. An den Hilfslinien knicken.

19. Die rechte Spitze öffnen, am ersten (1) Knick nach oben falten.

20. Am zweiten (2) Knick (Schritt 18) die Spitzen der Vorderbeine nach innen falten.

21. An den Markierungen die kleinen unteren Ecken auf beiden Seiten …

22. … nach innen falten. Der Hund ist jetzt fertig.

AFFE

1. Man benötigt ein dreieckiges Blatt Papier. An den gestrichelten Linien knicken.

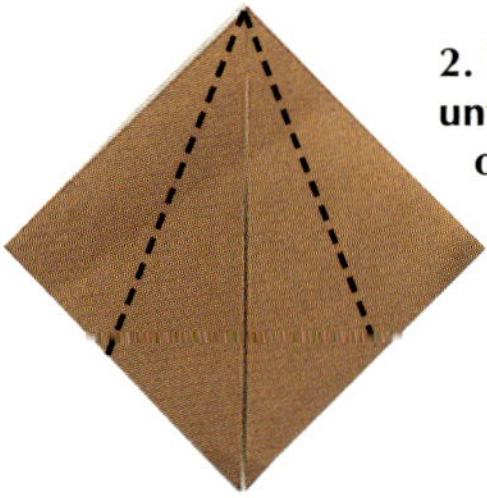

2. Rechte und linke untere Ecke auf die obere Ecke falten. An den Markierungen …

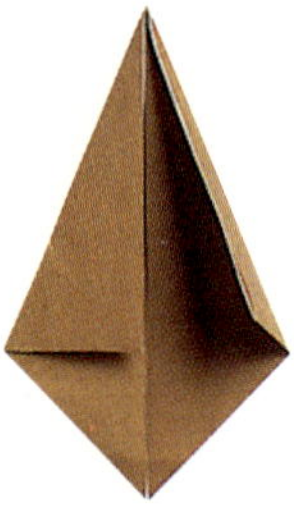

3. … obere rechte und linke Kante auf die senkrechte Mittellinie falten und wieder entfalten.

4. Die linke Hälfte der Form öffnen, …

5. … den linken Teil der linken Hälfte am entstandenen Knick nach innen falten.

6. Die linke Hälfte des Papiers wieder zusammenklappen.

7. Schritt 4–6 mit der rechten Hälfte der Form wiederholen.

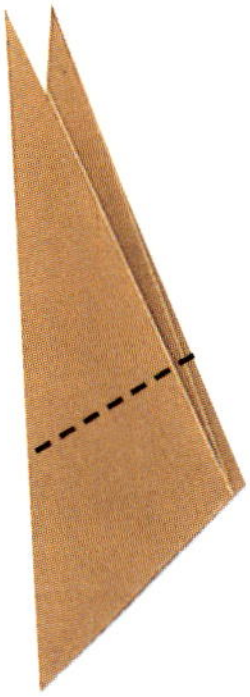

8. Die Form in der Mitte zusammenklappen; dabei bleibt die geschlossene Seite des Papiers innen. An der Markierung den oberen Flügel nach rechts …

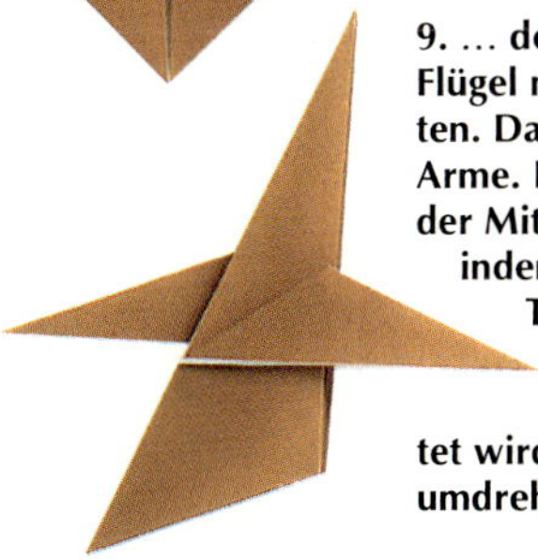

9. … den hinteren Flügel nach links falten. Das werden die Arme. Die Arme in der Mitte halbieren, indem der obere Teil in der Mitte nach unten gefaltet wird. Die Form umdrehen.

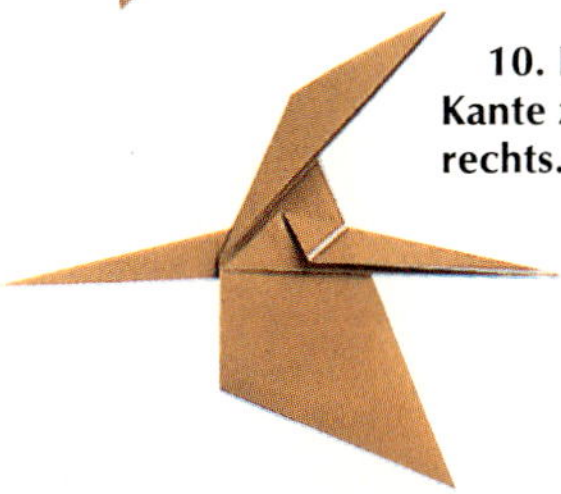

10. Die längste Kante zeigt nach rechts. Die obere Spitze nach rechts vorfalten.

11. Die Spitze öffnen und nach links unten falten. Das wird der Kopf.

12. An den Markierungen am Kopf drei parallele Knicke machen. An den angegebenen Linien …

13. ... den rechten Arm vorfalten, den linken Arm nach oben falten. Am obersten Knick des Kopfes das Papier nach innen, am zweiten nach außen, am dritten wieder nach innen falten.

14. Den linken Arm von unten etwas öffnen.

15. Den unteren Teil des Arms am Knick nach innen falten.

16. Den linken Arm in gleicher Weise falten.

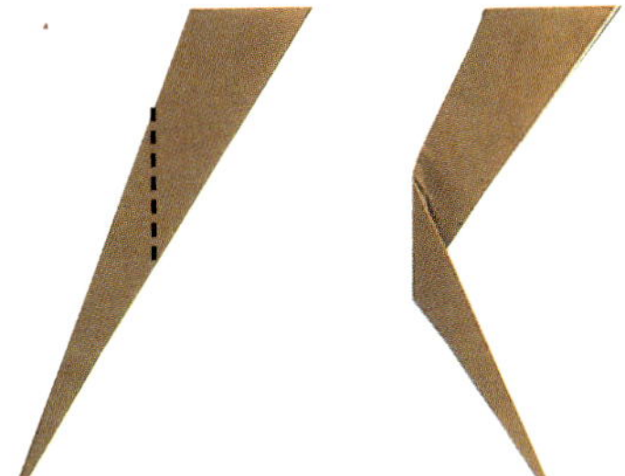

17. Die Spitze des linken Arms an der gestrichelten Linie nach rechts falten und wieder entfalten.

18. Den unteren Teil der Spitze bis zum Knick öffnen; es entsteht eine Rhombusform.

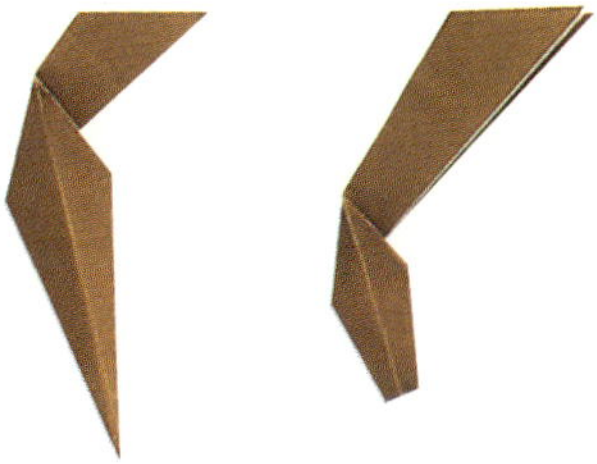

19. Die Spitze etwas nach rechts ziehen und flachdrücken. Die Spitze nochmals nach innen falten.

20. Die rechte Hand wird genauso gefaltet. Rechte und linke Ecke des Kopfes an den Markierungen falten. Die untere Spitze der Figur an der gestrichelten Linie …

21. … nach links falten.

22. Die Faltung rückgängig machen und die Spitze öffnen.

23. Die Spitze am entstandenen Knick nach innen falten.

24. Die Ohren runden. Der Affe ist fertig.

BABY-VOGEL

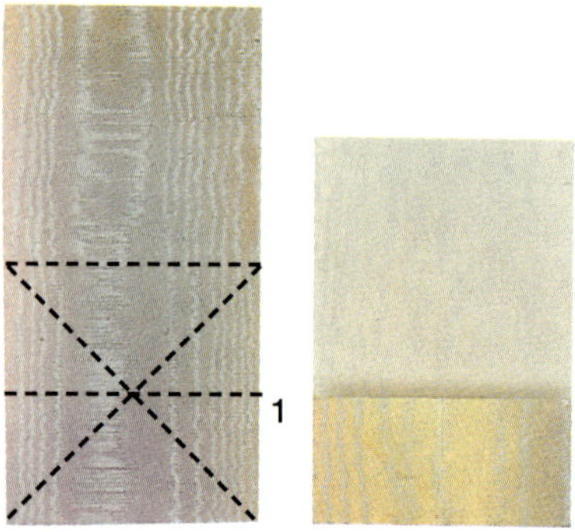

**1. Ausgangsform ist ein rechteckiges Blatt Papier, dessen lange Seiten genau doppelt so lang sind wie die schmalen Seiten.
An den Hilfslinien knicken. An der ersten (1) Hilfslinie die untere kurze Kante nach oben falten.**

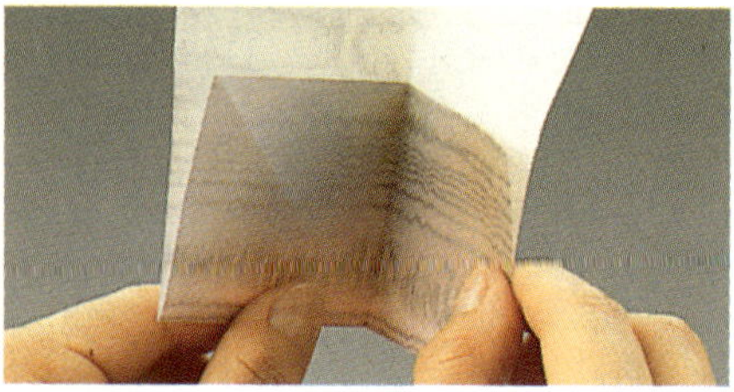

2. Die linke Hälfte des Papiers senkrecht hochheben, ...

3. ... die Falte öffnen und auseinanderdrücken.

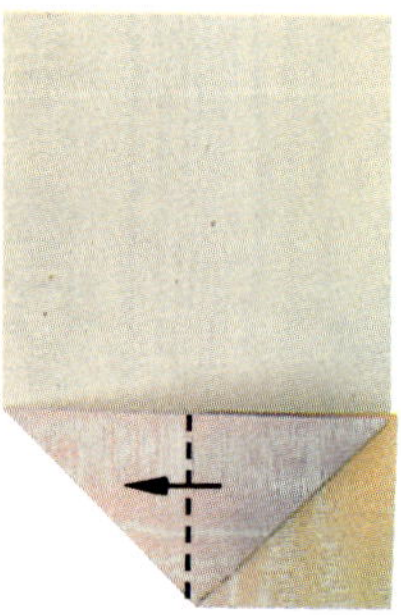

4. Den rechten oberen Flügel an der Markierung ...

5. ... nach links falten.

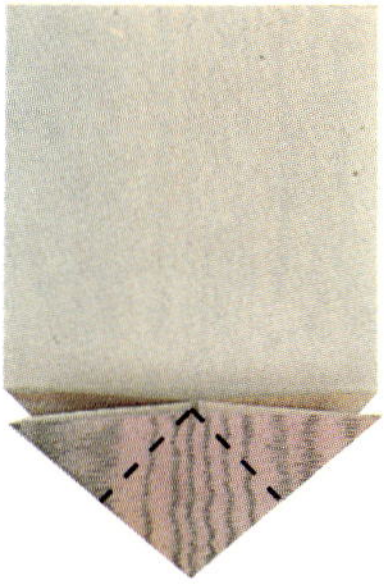

6. Die Schritte 2–5 mit der rechten Hälfte des Papiers wiederholen. An den gestrichelten Linien …

7. … rechte und linke Ecke des Dreiecks auf die untere Ecke falten. An den Hilfslinien knicken.

8. Die entstandenen Ecken an den Knicken zusammendrücken und in der Mitte feststreichen. Das wird der Schnabel.

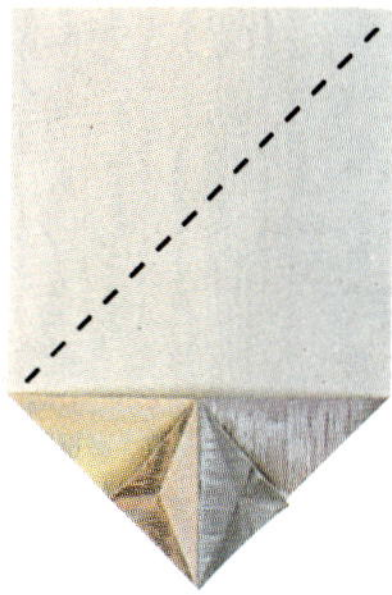

9. An der Markierung die obere linke Ecke jetzt auf die untere rechte Ecke des Quadrates …

10. … bringen und die Form waagerecht hinlegen. An den gestrichelten Linien oberen und unteren Teil der Form …

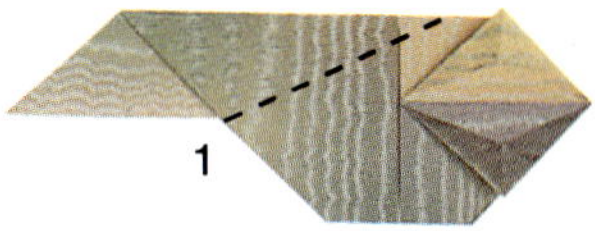

11. … nach hinten falten. An der ersten (1) Hilfslinie den oberen Teil …

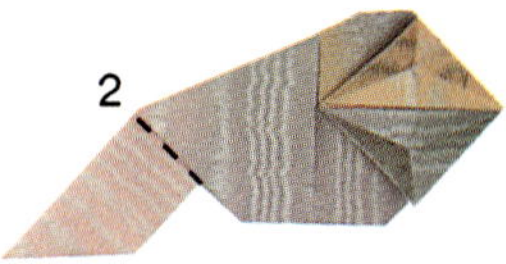

12. … ein weiteres Stück nach hinten falten.

13. An der zweiten (2) Hilfslinie die Spitze wieder nach oben falten. Augen aufmalen oder ankleben. Der Baby-Vogel ist fertig.

DINOSAURIER

Man benötigt zwei gleich große quadratische Papiere. Papier A wird zum Hinterteil.

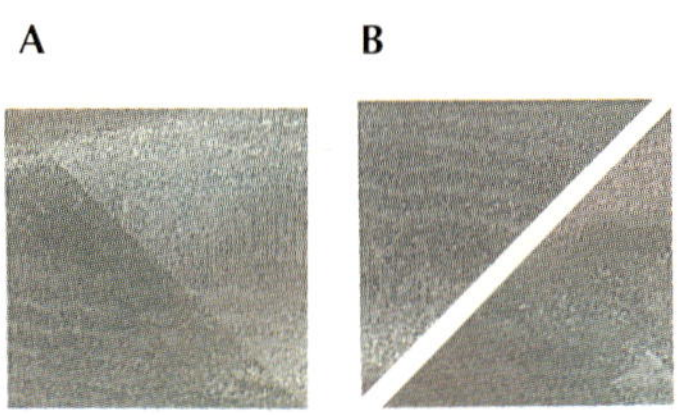

Papier B an einer Diagonalen teilen und ein Dreieck für das Vorderteil benutzen.

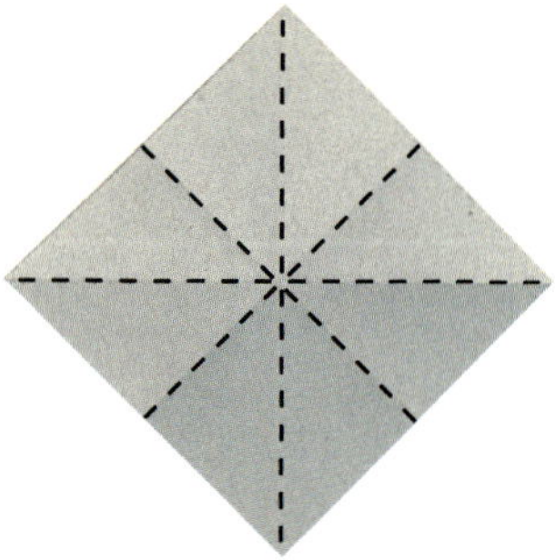

1. Papier A an den gestrichelten Linien vorfalten.

2. An einer Diagonalen falten.

3. Die rechte Hälfte des Papiers senkrecht hochziehen, ...

4. ... öffnen und flachdrücken.

5. Das gleiche auf der Rückseite wiederholen. Die rechte und die linke untere Kante des vorderen Flügels ...

6. ... auf die senkrechte Mittellinie falten. Die obere Ecke an den Kanten der kleinen Flügel nach unten falten.

7. Die letzten drei Faltungen wieder entfalten.

8. Die untere Spitze des vorderen Flügels langsam öffnen und hochziehen.

9. Die rechte und linke Ecke auf die Mitte drücken.

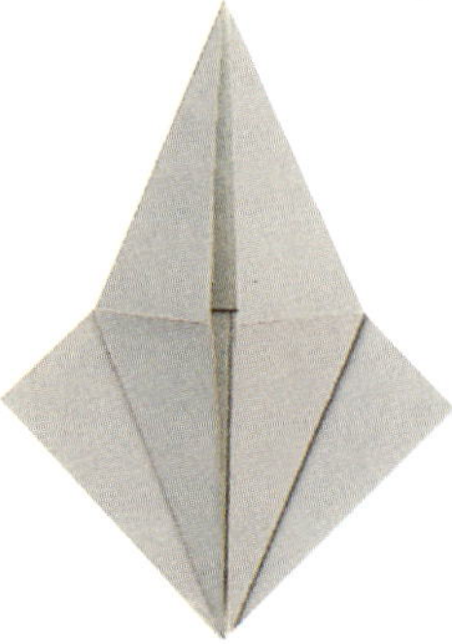

10. Die Faltungen feststreichen.

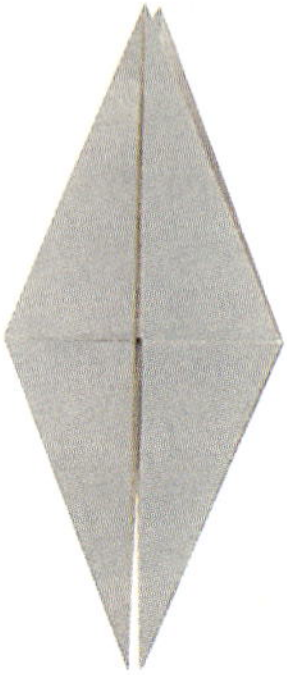

11. Das gleiche ab Schritt 6 auf der Rückseite wiederholen.

Hinterteil:

12. Die offene Spitze zeigt nach links. Die beiden rechten Spitzen ...

13. ... auseinanderziehen, bis ...

14. ... das Papier ganz glatt ist.

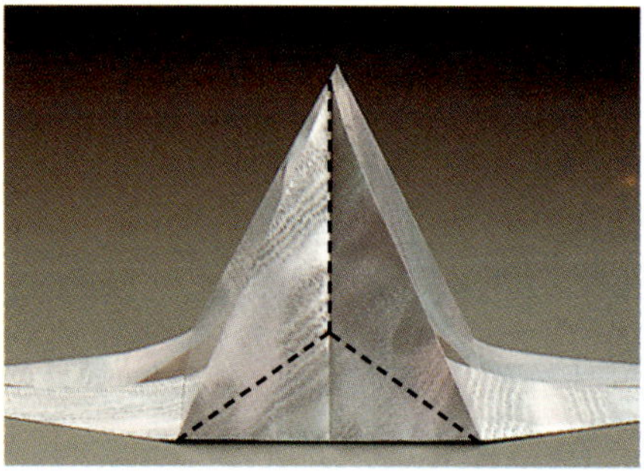

15. Die Form umdrehen. An den Linien die beiden abstehenden Spitzen ...

16. ... in der Mitte zusammendrücken, von oben bis nach unten zur Auflagefläche hin feststreichen ...

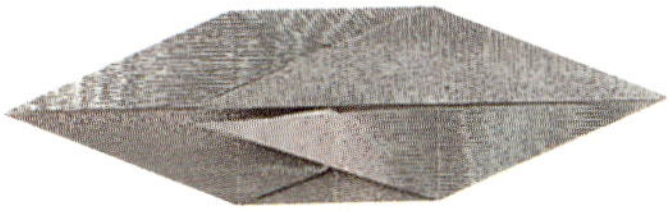

17. … und nach links legen.

18. Die Form umdrehen. An der ersten (1) Markierung …

19. … die linke Spitze nach rechts falten. An der zweiten (2) Markierung die rechten Kanten zur Mitte falten.

20. Die untere Hälfte der Form nach oben falten. An der gestrichelten Linie die Spitze des kleinen Flügels …

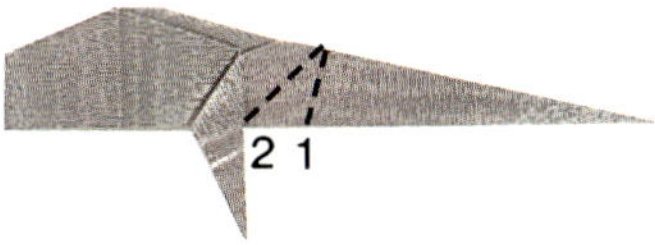

21. … nach unten falten. Auf der Rückseite wiederholen. Den Schwanz an der ersten (1) Hilfslinie …

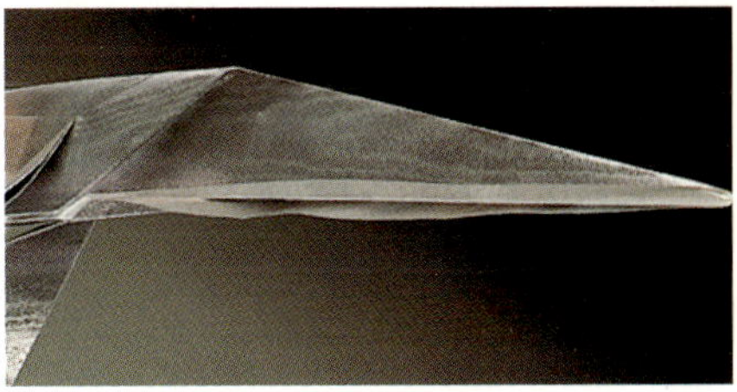

22. … auf beiden Seiten nach innen bis zur zweiten (2) Hilfslinie drücken.

Vorderteil:

23. Das dreieckige Papier B in der Mitte vorfalten.

24. Die unteren Ecken auf die obere Ecke falten, die weiße Seite des Papiers bleibt innen.

25. Die oberen Kanten auf die senkrechte Mittellinie vorfalten.

26. Die linke Hälfte der Form öffnen, den linken Teil am entstandenen Knick nach innen falten.

27. Das gleiche auf der rechten Seite wiederholen. Die vorderen oberen Spitzen nach unten klappen. An den Linien …

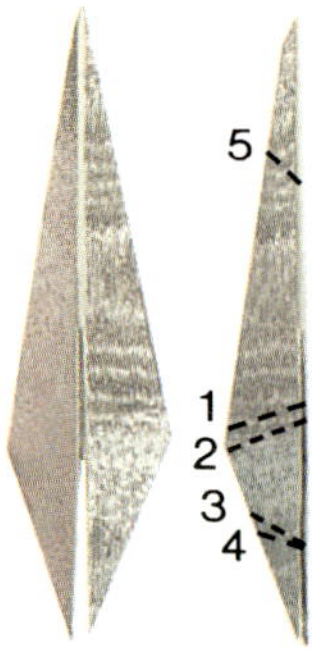

28. … die oberen Kanten auf die hintere Mitte falten. Die rechte Hälfte nach hinten klappen. Den Hals an der ersten (1) Hilfslinie …

29. … auf beiden Seiten nach innen bis zur zweiten (2) Hilfslinie drücken.

30. Die Beine an der dritten (3) Markierung nach rechts oben, an der vierten (4) nach unten wenden.

31. Die obere Spitze an der fünften (5) Markierung (Schritt 16) nach links wenden. An der Hilfslinie vorfalten.

32. Die Spitze öffnen, am entstandenen Knick nach außen wenden und ein wenig nach innen falten.

33. Den hinteren Teil jetzt in den vorderen stecken …

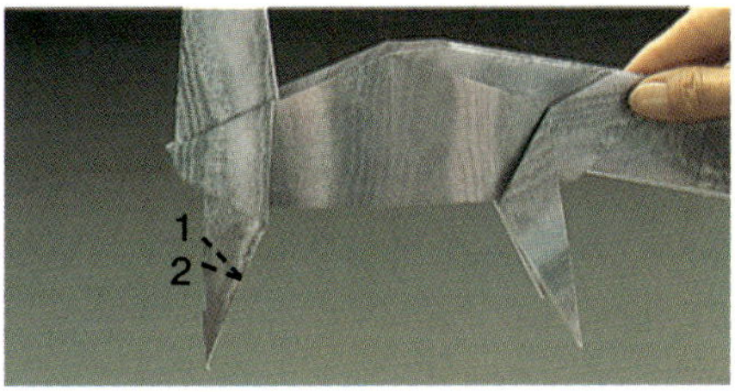

34. … und die Figur zusammenkleben. An der ersten (1) Markierung …

35. … den Fuß nach rechts und an der zweiten (2) Markierung …

36. … nach links wenden. Das gleiche mit den anderen Füßen wiederholen.

37. Man kann die Haltung des Dinosauriers durch Knicken des Halses und des Schwanzes verändern.